El roble

Calros Silvar

ediciones
Lectio

àrtabro
editora

1 ª Edición: Noviembre de 2012

© 2012 Calros Silvar (textos e ilustraciones)

© de la edición original: BAÍA Edicións®

© para esta edición:

© 2012   9 Grupo Editorial
Lectio Ediciones
C/ Muntaner, 200, ático 8ª
08036 Barcelona
Tel. (+34) 977 60 25 91
     (+34) 93 363 08 23
www.lectio.com
lectio@ lectio.es

© 2012   ÁRTABRO Editora
Polígono de Pocomaco, 2ª Avda.
Parcela A2/22
15190 A Coruña
Tel.: (+34) 981 174 296
Fax: (+34) 981 915 698

Ilustraciones, traducción y adaptación: Calros Silvar

Impresión: Norprint Artes Gráficas, S.A. Santo Tirso

ISBN Lectio: 978-84-15088-65-3
ISBN Ártabro: 978-84-939942-8-0
D. Legal: T-1149-2012

Índice

Los árboles

6

Yo soy *Quercus,*
Quercus robur

8

Distinguir los *Quercus*

10

Empieza a aventura,
la bellota

12

Asomando a la vida,
el plantón

14

El paso de las estaciones:
la primavera

16

El paso de las estaciones:
el verano

18

El paso de las estaciones:
el otoño

20

El paso de las estaciones:
el invierno

22

¡Qué gran casa!

24

Buenos vecinos

26

Pero... ¡si somos un
hervidero de vida!

28

Sobrevivientes

30

¡Qué difícil llegar
a viejo!

32

Viejos usos

34

En la botica

36

En otros tiempos...,
en otras culturas

38

Dichos, glosario y
otras hierbas

40

En la Naturaleza vivimos los vegetales, hongos y animales, relacionándonos entre nosotros en un espacio concreto y bajo un clima determinado.

Montañas o llanuras, desiertos o vergeles, cultivos o eriales, bosques o pastizales, aguas superficiales o mares profundos, cuevas o acantilados: cada lugar acoge y proporciona alimento a determinados seres vivos.

Pero la competencia es dura y cada cual busca la mejor manera de sobrevivir.

La Evolución Natural es el proceso por el cual los diversos seres vivos se adaptan al medio y a la competencia con las especies vecinas.

¡Cada uno tiene su papel, cada cual vive su aventura!

Los árboles

Los árboles somos los vegetales más grandes y más longevos de la Tierra (podemos vivir muchos más años que las personas). Pero no es fácil llegar a viejos, para ello debemos sortear gran cantidad de peligros. Aunque vivimos sujetos a la tierra, corremos nuestras aventuras... que os contaré en este libro.

Los árboles destacamos por nuestra especial y elegante figura: Tenemos un cuerpo esbelto, el **tronco**, que acaba en una **copa** formada por ramas y hojas.

Pero tan importante como esto es lo que no se ve: en tierra hincamos nuestra amplia **raíz**, que nos permite alcanzar altura y soportar los vientos o las corrientes de los ríos en invierno. A través de las raíces los árboles nos alimentamos: absorbemos por ellas, como si fueran las pajitas de un refresco, las sustancias de la tierra y las transformamos en alimento en las hojas.

Las **hojas** utilizan la luz del sol para elaborar su alimento en un proceso llamado **fotosíntesis**, que consiste en la absorción del **dióxido de carbono** existente en la atmósfera y su liberación al ambiente transformado en **oxígeno**. Mediante la fotosíntesis, los árboles ayudamos a mantener limpio el aire que respiráis: ¡por eso a los jardines se les llama el pulmón de la ciudad y los bosques y selvas somos considerados el pulmón del planeta!

El roble puede alcanzar 40 metros de altura. La copa amplia indica que vive en campo abierto

Yo soy *Quercus, Quercus robur*

Este es el nombre latino por el que soy conocido en todo el mundo, es el nombre utilizado por la comunidad científica de los distintos países para asegurarse de que se refieren a mí. **Roble** es mi nombre autóctono, o sea, el propio en lengua castellana. En otros países se me conoce con los nombres correspondientes a sus lenguas propias: *Oak tree* en inglés, *chêne* o *rouvre* en francés, *farnia* en italiano, *haritz* en vasco, *roure* en catalán, *carballo* en gallego, etc.

Pertenezco a la gran familia de los *Quercus* (se pronuncia *Cuercus*), pero no me confundáis, pues en el mundo hay más de cuatrocientas especies de *Quercus*, ¡y todos somos parientes! Más o menos la mitad de nosotros perdemos la hoja en invierno y por ello se dice que somos **caducifolios** (de hoja caduca), el resto son **perennifolios** (de hoja permanente) porque las conservan todo el año. Estos últimos tienen unas hojas adaptadas para evitar la pérdida de agua y resistir las sequías: son más gruesas, están cubiertas por un suave pelo o terciopelo, el **haz** (cara principal de la hoja) es más oscuro que el **envés** (cara inferior de la hoja), el borde es espinoso y tienen una cubierta fina como de cera.

En Europa vivimos unas veinticinco especies diferentes de *Quercus*, pero con las que tengo más trato, pues habitamos áreas próximas, es con mis primos Roble albar (*Quercus petraea*), Melojo (*Quercus pyrenaica*), Encina o carrasca (*Quercus ilex*), Quejigo (*Quercus faginea*) y Alcornoque (*Quercus suber*).

Roble albar

Alcornoque

Los *Quercus* somos árboles pioneros: tenemos una gran capacidad de adaptación y nos asentamos en nuevos territorios con cierta facilidad, colonizándolos.

Uno de nuestros trucos es que nos emparentamos entre las diferentes especies por lo que aprovechamos lo mejor de cada una, dando árboles **híbridos**. Otro truco es que, como cada uno tenemos nuestros gustos, siempre hay un lugar adecuado para alguna especie de nuestra gran familia. Yo prefiero los suelos húmedos; el Roble albar los prefiere secos, el Melojo secos y ácidos; el Quejigo, el Alcornoque y la Encina buscan climas cálidos y más o menos secos. El resultado final es que juntos somos capaces de ocupar vastos territorios, de hecho nos expandimos por todo el mundo... ¡somos vegetales cosmopolitas!

Encina

Quejigo

Melojo

Distinguir los *Quercus*

Para conocer las diferentes especies de *Quercus* hay ciertos detalles que debes observar:

Los Robles que crecemos en campo abierto, aislados, tenemos la **copa** amplia y achaparrada, el **tronco** corto, grueso y muy ramificado, y las **ramas** retorcidas y enredadas. Si crecemos en un bosque tenemos el tronco más alto y esbelto pero, aún así, no nos podemos comparar con el Roble albar, que es menos ramificado y tiene ramas más rectas. Melojo es de menor porte y suele tener hechura arbustiva, con varios troncos surgiendo de la misma cepa; su corteza también es mucho más gruesa y agrietada.

Observa las diferencias en la **corteza** de las distintas especies.

Encina

Melojo

Roble

Quejigo

Alcornoque

Otro detalle importante son las **hojas**: los Robles las tenemos de color verde desvaído, más claro por el envés, sin pelos y con el **pecíolo** muy corto y rodeado por la base de la hoja.

Roble albar tiene la hoja lustrosa, velluda en el envés y con un largo pecíolo. La hoja de Melojo es particular: tiene un borde muy hendido y está cubierta de un vello blanquecino, que la hace suave al tacto y le permite preservar la humedad.

Dicho esto, ¿sabéis qué hojas pertenecen a los *Quercus* que viven en zonas secas?

pecíolo

Roble   Roble albar   Melojo

Quejigo   Encina   Alcornoque

Las hojas brotan de **yemas** de color castaño, que se agrupan en el extremo de las ramas.

yemas

Las yemas son las encargadas de proteger, durante el inverno, las hojas que abrirán en la primavera.

Roble   Melojo

11

Empieza a aventura, la bellota

Muchos vegetales empleamos flores para reproducirnos: los *Quercus* producimos flores masculinas y femeninas generalmente en el mismo árbol.

Las flores femeninas se asemejan a botellas y se agrupan en la base de las hojas, protegidas por un anillo de escamas que crece con ellas, hasta convertirse en la típica **cúpula** o sombrero de las bellotas.

Las flores masculinas cuelgan en ramilletes de la punta de las ramas y forman bolsas, donde guardan el **polen** hasta el momento de expulsarlo. Se pueden ver en la página en la que hablamos de la primavera, un poco más adelante.

El polen está formado por granos minúsculos que cuando, llevados al azar por el viento, caen en las flores femeninas (¡ya es casualidad!) las fecundan. En las ocasiones en que esto ocurre, la flor femenina crece hasta formar la bellota, nuestro fruto característico, que madurará en unas semanas.

Los Robles tardamos algo más de diez años en hacernos mayores y producir bellotas, pero cuando llega el momento, cada año nos nacen por millares... No lo hacemos por presumir sino por necesidad, pues muchas de ellas sirven de alimento a roedores, jabalíes, corzos, urracas... y otras tantas son atacadas y dañadas por hongos e insectos.

Roble   Roble albar   Melojo

cúpula

Alcornoque   Quejigo   Encina

Pero muchos de esos comebellotas nos favorecen: algunos son codiciosos y las amontonan para el inverno; pero a veces se olvidan de ellas y en esos escondrijos abandonados puede que germine alguna bellota, de la que saldrá un nuevo árbol.

¡Así, sin darse cuenta, nos ayudan a alcanzar lugares a los que, quizás, no hubiéramos llegado nunca!

Asomando a la vida, el plantón

La bellota no germinará hasta la primavera siguiente, cuando suban las temperaturas y el nuevo arbolillo no tenga que soportar nieblas y vientos helados... ¡pero hay otros peligros acechando!

Los plantones que crecen al pie de los árboles adultos son devorados por la marea de gusanos que crían en ellos y caen a tierra. Por eso son las bellotas recogidas por los comebellotas las que tienen más probabilidades de sobrevivir.

El nuevo árbol crece, durante el primer año, tieso y sin ramificar, con cinco o seis hojillas que rodean una yema de crecimiento, situada en el **ápice**. De ella saldrá un segundo brote esa misma temporada...

Y así, tierno como es, puede ser víctima de los **herbívoros**, esos vegetarianos glotones: bien del ganado de los campesinos, como las ovejas, o bien de animales silvestres, como el corzo. Pero nosotros nos defendemos como podemos ¡y utilizamos la guerra química! Sí: los Robles producimos una sustancia repelente, el **tanino**, que hace que nuestras hojas y bellotas sean indigestas para los animales. Solo las pueden devorar cuando son muy tiernas y aún llevan poco tanino.

Pasado el primer año, si no tuvo problemas y sobrevive, el plantón produce un segundo brote y las primeras ramitas laterales: ¡va adquiriendo altura y abriéndose paso! Necesita crecer, para conseguir más espacio y luz, y por ello compite directamente con la vegetación de su entorno. Pero aún le falta mucho para llegar a los cuarenta metros de altura que podemos alcanzar los Robles adultos, sobre todo si tenemos en cuenta que crecemos despacito...

No es nada fácil cumplir cuatrocientos años... y mucho menos novecientos, como el más viejo de mis parientes conocidos... ¡pero por algo se empieza!

El paso de las estaciones: la primavera

¡Oh, la primavera!, qué gusto, después del frío invierno, desperezarnos y estirar las hojas al tibio sol. ¡Y también los ramos florales, para comenzar la **polinización**!

Pero no todo es alegría, pues es ahora cuando los insectos nos persiguen y cubren de agallas con las que protegen sus crías: los pulgones nos chupan la savia, las hormigas pastorean los rebaños de pulgones, los chinches devoran a los pulgones, las arañas tejen sus telas para apresar chinches; las orugas nos roen las hojas, las avispas capturan orugas y las aves y los murciélagos cazan pulgones, hormigas, arañas, orugas y avispas. ¡Qué banquete se dan gracias a mí!

Mientras los árboles adultos atendemos a tanto invitado, las bellotas del año anterior germinan en la tierra, iniciando su aventura, calentando sus pálidas hojas al sol.

flores femeninas

flores masculinas

plantón

El paso de las estaciones: el verano

A principios de verano estamos hermosos, cubiertos de hojas y ramilletes de bellotas creciendo, aunque, como hace calor, seguimos sopor-
tando los ataques de las orugas de las mariposas, de los chinches, de
los pulgones, de los gorgojos y de los escarabajos... Unos inquilinos tan
menudos como molestos que empiezan a hacer notar sus efectos en
nuestras hojas.

¡Menos mal que contamos con la ayuda de la aviación!... Mosquiteros,
Herrerillos y Carboneros, Currucas o Papamoscas, se relamen con los
insectos y demás bichos que nos infestan. Estas aves nos hacen un gran
favor a la vez que se alimentan.

Pero no todos nos ayudan; otros, como el Arrendajo, el Pico
real o la Paloma torcaz, junto con las Ardillas y otros roedores,
vienen a devorar nuestras tiernas bellotas haciéndonos la vida
más difícil.

El paso de las estaciones: el otoño

Empieza a hacer mal tiempo, las hojas pardean y comienzan a caer: hay que prepararse para el duro invierno, en el que nos sumiremos en un largo sueño, el **letargo** invernal.

Las bellotas también caen y quedan escondidas en el lecho de hojas marchitas, aunque la mayoría, ¡pobrecillas!, acaban por ser devoradas por Tejones, Ratones, Jabalíes, Palomas torcaces o Arrendajos, que siempre nos acosan.

Bajo el manto de hojas la vida sigue: lombrices, ciempiés, escarabajos, larvas, salamandras y ranas... un vecindario discreto que ayuda a reciclar los restos y a mantener la tierra fértil: el abono de hojas y restos orgánicos nos servirá de alimento a los árboles y a las bellotas que lleguen a germinar en la primavera siguiente. La Naturaleza nada desaprovecha: ¡lo que unos rechazan, para otros es un regalo!

Bajo tierra, formando una densa red invisible (el micelio), habitan los hongos. Son unos exhibicionistas que en el otoño asoman su aparato reproductor, las Setas; unas son venenosas, otras sabrosas, pero todas son importantes... pues procesan los restos y, cuando se asocian con nosotros (micorrizas), nos ayudan a crecer mejor y más sanos. Es el caso de la *Leccinum quercinum*, típica de los robledales. ¡Con amigas así, da gusto vivir!

En nuestro entorno también abunda, entre otras especies de setas, la peligrosa *Amanita phalloides* y el delicioso *Boletus edulis*.

20

El paso de las estaciones: el invierno

Durante el inverno apenas unas hojas marchitas se columpian en nuestras ramas desnudas: dejamos de crecer, ¡estamos aletargados hasta la próxima primavera!

Ahora podéis observar mejor los líquenes, las hepáticas, los musgos, los hongos y los helechos que tapizan nuestra corteza, como si se tratase de un camuflaje. En esa jungla en miniatura se mueve todo un ejército de seres diminutos y silenciosos que buscan alimento... y escondrijos para pasar desapercibidos a sus enemigos.

Las ramas desnudas también dejan descubiertas las yemas brillantes, donde las aves insectívoras no dejan de escudriñar buscando alimento.

Las agallas, que diferentes insectos provocan con su picadura, lucen en el extremo de nuestras ramas tiernas como si fuesen colgantes o pendientes: en ellas protegen a sus crías del clima y los predadores.

Hongos

Yemas

Líquenes

Musgos

Agallas

Helechos

¡Qué gran casa!

Los Robles adultos acogemos a muchos animales y plantas, somos como un gran hogar con muchos habitantes: ya hemos dicho que en nuestro tronco y ramas crecen musgos, líquenes y helechos, que tapizan nuestra corteza y nos dan apariencia de viejos barbudos.

Los inquietos insectos aprovechan las grietas de la corteza, el envés de las hojas o la vegetación que nos engalana, para esconderse, alimentarse y reproducirse.

Las aves y mamíferos anidan en nuestra copa, en los huecos del tronco o de las raíces, y nos visitan para conseguir alimento, de manera que vivimos siempre acompañados de un vecindario muy animado.

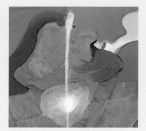
Puesta de *Conwentzia psociformis*

Puesta de *Caloptilia robustella*

Larvas perforadoras de *Profenusa pygmaea*

Agalla de *Cynips quercus-tozae*

Agalla de *Andricus collari*

Agalla de *Andricus fecundatur*

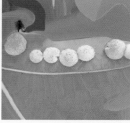
Agalla de *Cynips divisa*

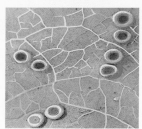
Agalla de *Neuroterus numismalis*

Agalla en forma de lenteja

Oruga de mariposa

Díptero

Escarabajo *Anthrocoris sp.*

Hormigas y pulgones

Araña *Tetragnatha sp.*

Buenos vecinos

Los Robles no vivimos solos en la Naturaleza, ¡ya os disteis cuenta!: vivimos en grupos, en los bosques, donde nos acompañan otros árboles y plantas menores. ¡En la variedad está el gusto!

Según las características de la tierra, el clima y la altitud, como ya os dije, abundamos más unas especies que otras: los Robles preferimos suelos ricos y un clima húmedo con temperaturas más o menos suaves. Roble albar prefiere suelos más pobres y soporta temperaturas más frías. Melojo es más oportunista, y tanto vive en la alta montaña como en la orilla del mar, acomodándose a las zonas con sequía estival.

En el viejo bosque que cubría nuestro país, los Robles éramos el árbol dominante y convivíamos con Avellanos, Arces, Almeces, Fresnos, Castaños, Cerezos, Perales y Manzanos silvestres. En las zonas más cálidas, en la costa y en el curso de ciertos ríos, se nos unen el Madroño y el Laurel. Las áreas de montaña son tierras para Melojo y Roble Albar, y con ellos viven el Álamo, el Acebo y el Serbal, que prefieren un clima más fresco.

Bajo el manto que formamos los grandes árboles, en el sotobosque, crecen otros menores: Perales y Manzanos silvestres, Espino albar, Endrino, Arraclán, Ciruelos, y otros arbustos que prefieren la sombra: Rusco, Arándano y una gran variedad de plantas, musgos y helechos.

Manzano
(*Malus sylvestris*)

Cerezo
(*Prunus avium*)

Endrino
(*Prunus spinosa*)

Avellano
(*Corylus avellana*)

Acebo
(*Ilex aquifolium*)

Olmo montano
(*Ulmus glabra*)

Abedul
(*Betula alba*)

Arce blanco
(*Acer pseudoplatanus*)

Brezo
(*Erica arborea*)

Pero... ¡si somos un hervidero de vida!

En la actualidad, debido a la extensión de la agricultura, la ganadería y la urbanización, los grandes y viejos bosques desaparecieron y solo quedan restos de ellos en terrenos pedregosos y de difícil acceso, los llamados bosques mixtos (muchos llaman así al bosque autóctono). Son tierras pobres y accidentadas, cuya explotación no interesa, por lo que sirven de refugio a muchas especies silvestres.

En los bosques mixtos es donde existe una mayor **biodiversidad** (en ellos vive una gran variedad de plantas y animales) y donde el antiguo paisaje de nuestro país se muestra con toda su grandeza y esplendor. ¡Estos bosques son reservas de vida!

Muchos habitantes de los bosques mixtos están seriamente amenazados, como algunos helechos supervivientes de épocas remotas, de cuando el clima de nuestra tierra era más cálido y húmedo: *Culcita macrocarpa*, *Woodwardia radicans*, *Davallia canariensis*, *Dryopteris guanchica*, son algunos de esos tesoros de tiempos antiguos que viven en lo más recóndito de estos bosques.

Otras plantas y animales solo encuentran aquí su espacio para vivir, como el hongo del roble, la Barbastela, la Marta, el Ratón leonado o el Lirón careto.

¡Está en manos de las personas que sobrevivan!, así que poneos a ello y contribuid a la conservación de la naturaleza para que, en el futuro, las nuevas generaciones sigan disfrutando de las bellezas del bosque como aún hoy hacéis.

Boleto   Hígado (o lengua)   Piel de corzo   Rebozuelo
                    de buey

Tres especies de helechos: *Davallia canariensis*, *Woodwardia radicans* y *Culcita macrocarpa*

Pico picapinos

Papamoscas cerrojillo

Zorzal alirrojo

Azor

Trepador azul

Oropéndola

Gavilán

Cárabo común

Mito

Paloma torcaz

Mosquitero silbador

Carbonero palustre

Agateador norteño

Murciélago de bosque

Murciélago ratonero grande

Gato montés

Gineta

Lobo

Topillo rojo

Lirón careto

Marta

Zorro

Ratón leonado

Tejón

Jabalí

Ciervo

Corzo

Sobrevivientes

En la actualidad los *Quercus* (representados por diferentes especies) vivimos en el hemisferio norte: en la mayor parte de Europa, América del Norte y Asia occidental.

En la península ibérica vivimos sobre todo en las regiones atlánticas: Galicia y mitad norte de Portugal, Asturias, Cantabria, País Vasco y Navarra; en el interior, en el sur de Salamanca, norte de León, Palencia y Huesca; también en Cataluña y, de forma aislada, en algunas montañas del centro peninsular.

Pero los grandes bosques desaparecieron y, con grandes dificultades, los Robles subsistimos en reservas que pocas veces se respetan, como el bosque mixto, y en otras formaciones, obra de las personas, que ya no se consideran bosque:

El **robledal** es la plantación para la explotación maderera, exclusivamente de Robles, como su nombre indica. Eran muy abundantes en la parte occidental de la península ibérica, en Galicia y norte de Portugal, pero hoy están en total declive: la plantación a destajo de eucaliptos o pinos, árboles más rápidos en su crecimiento que nosotros, introducidos para producir madera barata y de peor calidad, nos fue dejando en el olvido.

Frecuentemente, sobre todo en el norte de la Península, este tipo de arbolados se limita casi exclusivamente al entorno de santuarios, campos de feria o de fiesta, y son utilizados especialmente como lugar de encuentro en las romerías, fiestas o mercados, en pueblos y villas, a veces manteniéndose aún como lugar de reunión, otras languideciendo en el recuerdo de su antiguo esplendor.

Las **dehesas** son terrenos acotados dedicados a la plantación con fines forestales y a la cría de ganado menor, especialmente cerdos, a los que les encantan las bellotas o las castañas como alimento. En el sur de la península ibérica (Extremadura, Andalucía, Alentejo, Algarve), las dehesas ocupan aún enormes extensiones de tierra, aprovechadas para criar Cerdo ibérico, ganado vacuno o extraer corcho para hacer tapones, pero son nuestros parientes Encina y Alcornoque los reyes de ese entorno.

¡Qué difícil llegar a viejo!

Ser los reyes del bosque, acogedores y buenos anfitriones, no nos libra de males:

El vendaval y el rayo pueden desmocharnos o derribarnos, incluso dejarnos con heridas abiertas que aprovechan hongos e insectos para roernos las entrañas o pudrirnos. Las arroyadas invernales nos pueden arrastrar; además, el ataque de algún insecto nos puede deshojar e incluso matar.

Pero la mayor amenaza viene de la mano de las personas: las talas para plantar árboles que crecen más rápido que nosotros, o para crear pastos, o incluso para leña. La construcción de pistas forestales, carreteras, embalses, tendidos eléctricos, polígonos industriales, granjas o viviendas, las concentraciones parcelarias...

Los incendios intencionados, aunque menos que a otras especies, también nos afectan. Amigos, amigas, ¡es tan difícil llegar a viejo!

Viejos usos

¡Qué tiempos, aquellos tiempos! Os parecerá mentira, pero hubo un día en el que a los Robles nos llamaban ¡"la caoba de Europa"!, ¡todos nos apreciaban y todo se aprovechaba de nosotros!

Es normal, pues nuestra madera es de una calidad excelente: dura, pesada y resistente a la humedad. Con ella se hacían las vigas, suelos, muebles, puertas, ventanas y cancelas de las casas: herramientas de labranza, yugos, arados y carros, piezas de molinos, batanes, forjas... y un sinfín de cosas más.

Nuestras hojas hacían de adobo y nuestra corteza se utilizaba en el curtido de pieles. Incluso del tronco se extraía un liquen empleado para teñir tejidos.

La leña que producimos tiene mucho poder calorífico, por ello se usaba en las chimeneas o para hacer el carbón que alimentaba los yunques, donde se fabricaban cuchillos, guadañas, hoces y otras herramientas de metal.

Fuera del mundo rural, nuestra madera se usaba para arquear las cubas del vino, en la construcción naval, cando no existían los buques metálicos y, posteriormente, para hacer las traviesas del ferrocarril, por resistir muy bien los golpes y vibraciones.

De nuestra importancia económica habla la existencia robledales y dehesas pertenecientes a los vecinos (Montes comunales), a la nobleza rural, a los monasterios, e incluso al rey, pues eran imprescindibles para garantizar el suministro a los astilleros reales como el de Ferrol.

Para cuidarnos se usaban diferentes técnicas, buscando el máximo provecho y dominarnos para que creciésemos según mejor conviniera:

Entresaca. Consiste en cortar los árboles de peor calidad para que el resto se desarrolle mejor, con más espacio y luz.

Injerto. Con este sistema se seleccionan los árboles más fuertes (con mejor porte, con frutos más grandes o con lo que se quiera potenciar), para mejorar nuestras características y producir hijos más vigorosos o productivos.

Desmoche. Es una técnica que permite alargar nuestra vida ¡entre 300 y 500 años! Como un *lifting* salvaje, vaya. El caso es que nos rasuran la copa, entre 4 y 8 metros de altura, para conseguir varas largas y rectas, fuera del alcance de los herbívoros, de los que ya os hablé. Era una práctica ampliamente extendida.

Poda. Consiste en el clareo del ramaje, eliminando las ramas enfermas y las sobrantes, o acortando su longitud, para sanear y mejorar el aspecto del árbol.

Troncha. Es la tala a ras de tierra para que produzcamos varas, usadas después para hacer postes, mangos o incluso para leña.

En la botica

Pero no sólo teníamos un aprovechamiento económico, ¡también remediábamos los males del cuerpo... y del espíritu!

En la medicina tradicional se nos consideraba un remedio eficaz para males como la sarna, la tortícolis (esa molestia que notáis en el cuello cuando no os sentáis correctamente) o la lumbalgia (ese dolor tan molesto de espalda y caderas).

La alta proporción de taninos, que son substancias muy astringentes, hizo que se empleara el cocimiento de nuestras hojas para atajar la diarrea, la faringitis y las inflamaciones en general (hervidas en leche son antídoto contra el envenenamiento con bayas venenosas y, aplicadas en baños calientes, suavizan el dolor de las hemorroides y curan eccemas, úlceras y sabañones); la corteza, cocida y tomada como infusión, es eficaz contra las infecciones de la boca y de la garganta, la gastroenteritis, la diarrea, la disentería o las hemorragias intestinales y urinarias.

Las agallas aún son más ricas en taninos, por lo que son todavía más efectivas en estos tratamientos. Incluso nos han usado como sustitutos de la quinina para atajar la malaria, pues somos eficaces contra algunas bacterias y tenemos propiedades antisépticas y antiinflamatorias.

Las hojas, aplicadas en baño, curan las llagas y las irritaciones de la piel, las pequeñas hemorragias y también combaten el sudor de los pies.

Las bellotas en polvo tostadas se utilizaron como substituto del café y son efectivas para combatir la anemia, los nervios excitados y la tuberculosis. Una vez tostada, también se empleaba la bellota para hacer papillas con las que curaban las diarreas de los pequeños.

¡Ya veis que somos toda una Botica! Y, ciertamente, éramos uno de los muchos remedios empleados en las Boticas de los conventos y monasterios y, también, en las más modestas de las curanderas y curanderos que transmitían, de generación en generación, un saber popular tan viejo como la propia humanidad.

En otros tiempos..., en otras culturas

En la cultura tradicional éramos algo más que un simple árbol: simbolizábamos la vitalidad y la fuerza (de ahí la frase "ser fuerte como un roble") y se nos atribuían poderes especiales, mágicos, como la capacidad de curar enfermos con solo refregarse con nosotros, atravesar algún hueco de nuestro tronco o dormir sobre nuestras ramas. Son restos de creencias de tiempos remotos.

La palabra latina *Quercus* deriva de las palabras celtas *Kaer*, que significa 'hermoso', y *Quez*, 'árbol'. Para los pueblos de cultura celta éramos *Kaerquez*, el "Árbol Hermoso", teníamos la consideración de árbol sagrado y los robledales guardaban para ellos un significado especial; allí celebraban sus ritos religiosos.

A esos bosques sagrados los denominaban *Lubre*, otra palabra celta que aún se conserva intacta en la toponimia gallega y también en la francesa: *Louvre*. Sí, el lugar donde hoy se alza el más importante museo francés.

Los galos, habitantes de la Galia, el país que hoy conocemos como Francia, también tallaban exvotos con nuestra madera y los ofrendaban a las deidades de los ríos, como *Sequana*, en el nacimiento del Sena... el mismo río donde, aguas abajo, se encontraba el bosque antes mencionado, en la actual ciudad de París.

Algunos robles se consideraban inmortales y eran tan venerados (se les denominaba *bile*) que se consideraban tótems (protector y representante) del Clan y al resguardo de su copa celebraban sus Consejos tribales.

Cántabros y vascones dotaron de representatividad y simbolismo algunos grandes robles, que utilizaban como lugares de reunión de los *Concejos abiertos* (en Cantabria) y de las *Juntas* de Vizcaya y Álava e incluso como marcas de territorio, caso del árbol Malato, marca del Señorío de Vizcaya. Son rastros y evidencias de antiguas creencias y costumbres.

En Cataluña hay muchos lugares con el nombre *roure*, y muchos apellidos, lo que puede indicar su importancia en el pasado.

Normandos y teutones representaban en nosotros a *Thor* (se pronuncia Zor) su dios supremo y nos llamaban "Árbol de la Vida de Thor".

Los griegos también nos consideraban representación de su dios *Zeus*. Estos pueblos antiguos veían en nosotros la representación del poder, del vigor y la fuerza y, por tanto, nos otorgaban la representación de los temibles dioses que manejaban sus vidas.

Para helenos y celtas representábamos el "Eje del Mundo" y servíamos de vínculo entre la tierra y el cielo, de oráculo entre los hombres y los dioses.

Para los antiguos romanos éramos el árbol de Hércules y, en Roma, al pie de un roble que crecía en la colina Capitolina, al lado del templo de Júpiter, dios mayor de los romanos, los ciudadanos ofrecían sus primeras cosechas.

Dichos y refranes:

La variedad de nombres que se refieren a nosotros, en la lengua o en la toponimia, en el cancionero o el refranero, indican también nuestro prestigio en la cultura tradicional. Ahí tenéis algunos ejemplos; ¡seguro que en vuestras familias aún conocen más!:

Con aceite de bellotas, sale pelo hasta en las botas.

Robles y pinos, todos son primos.

La bellota que no se ve en mayo, no se ve en todo el año.

Año de bellotas, nieve hasta en las pelotas.

La mayor encina fue bellota chiquitina.

Eucaliptos para ti, pinos para tus hijos y robles para tus nietos.

El cerdo no sueña con rosas, sino con bellotas.

Ponerse como un roble.

Si robles quieres podar, horca y pendón debes dejar.

Nombres comunes de *Quercus robur*:

Roble común, roble carvallo, roble fresnal, roble pedunculado.

Lugar con abundantes robles:

Robleda, robledo, robledal.

Otros *Quercus*:

Encina (*Quercus ilex*), carrasquera, chaparra, mataparda.
   Lugar con abundantes encinas: encinar, carrascal, chaparral.

Melojo (*Quercus pyrenaica*), barda, malojo, rebollo, roble tocorno.
   Lugar con abundantes melojos: melojar, rebollar.

Quejigo (*Quercus lusitanica* también al *Q. faginea*), carrasca, enciniego, gállara, roble carrasqueño.
   Lugar con abundantes quejigos: quejigar.

Roble albar (*Quercus petraea*), roble del invierno, roble matiego, tocorno.
   Lugar con abundantes robles albares: robledal albar.

Alcornoque (*Quercus suber*), alsina surera, chaparro, corchero.
   Lugar con abundantes alcornoques: alcornocal.

Glosario

Agalla. Excrecencia que se forma en las hojas o ramas del roble por la picadura de algunos insectos, para depositar en ella a su camada.

Biodiversidad. Conjunto de especies vegetales y animales que conviven en un espacio determinado.

Caducifolio. Vegetal que tiene la hoja caduca o caediza. Las renueva cada ano en la primavera y las pierde en el otoño.

Clorofila. Pigmento verde presente en la mayoría de las plantas, en algunas bacterias y algas cianofíceas.

Cúpula. Envoltura de ciertos frutos, de aspecto escamoso, espinoso o folioso.

Dióxido de carbono. Gas tóxico que se produce normalmente en las reacciones de combustión, en muchos procesos orgánicos de degradación y en la respiración de animales y plantas.

Envés. Reverso o parte posterior de las hojas.

Fotosíntesis. Proceso realizado por los seres vivos que poseen **clorofila** para alimentarse. Luz solar + dióxido de carbono + agua = glucosa + oxígeno; es decir, utilizando la luz como fuente de energía, agua y dióxido de carbono del aire, la planta produce glucosa para alimentarse y expulsa oxígeno como residuo.

Herbívoro. Animal que se alimenta únicamente de vegetales.

Híbrido. Animal o vegetal producto del cruce de dos especies o variedades diferentes.

Letargo. Período en el que ciertos animales y vegetales reducen sus constantes vitales (se aletargan), para consumir menos energía y poder sobrevivir en condiciones de vida desfavorables.

Oxígeno. Gas incoloro, inodoro e insípido presente en gran proporción en el aire y que resulta imprescindible para la vida en el planeta.

Pecíolo. Pie de la hoja con el que se une al tallo.

Perennifolio. Vegetal que tiene la hoja perenne o permanente. Realmente, las va renovando a lo largo del año, sin llegar a perderlas en su totalidad, por lo que aparenta siempre verde.

Polen. Diminutos granos que forman parte del sistema reproductor de las plantas, producido por los órganos masculinos y liberados al viento o trasladado por los insectos hasta una flor femenina, a la que fertilizan (**polinización**), produciendo el fruto.

Sotobosque. Conjunto de vegetales que viven a la sombra de los grandes árboles.

Yema. Extremo escamoso de las ramas que protege las hojas o las flores latentes, que surgirán cuando la temperatura sea la adecuada.